www.ingramcontent.com/pod-product-compliance
Lightning Source LLC
LaVergne TN
LVHW010554070526
838199LV00063BA/4974
9788119022144

میری غزلیں

حشم الرّمضان

© Taemeer Publications

Meri Ghazlein
by: Hasham-ur-Ramazan
Edition: January '2023
Publisher & Printer:
Taemeer Publications, Hyderabad.

ISBN 978-81-19-02214-4

9 788119 022144

مصنف یاناشر کی پیشگی اجازت کے بغیر اس کتاب کا کوئی بھی حصہ کسی بھی شکل میں بشمول ویب سائٹ پر اَپ لوڈنگ کے لیے استعمال نہ کیا جائے۔ نیز اس کتاب پر کسی بھی قسم کے تنازع کو نمٹانے کا اختیار صرف حیدرآباد (تلنگانہ) کی عدلیہ کو ہو گا۔

کتاب	:	**میری غزلیں**
مصنف	:	**حشم الرمضان**
صنف	:	شاعری
ناشر	:	تعمیر پبلی کیشنز (حیدرآباد، انڈیا)
زیر اہتمام	:	اثبات و نفی پبلی کیشنس (مغربی بنگال)
سالِ اشاعت	:	۲۰۲۳ء
تعداد	:	(پرنٹ آن ڈیمانڈ)
طابع	:	تعمیر پبلی کیشنز، حیدرآباد -۲۴
صفحات	:	۱۰۰
کمپوزنگ و سرورق	:	شہلا گرافکس، کانکی نارہ، شمالی ۲۴ پرگنہ (مغربی بنگال)

یوں ہی کہتے رہو اپنے دل کی حشمؔ
لوگ سوچا کریں شاعری کیا کرے

اظہارِ تشکر

میں اپنے دو نسبتی برادرزادوں عزیزی مقصود حسن و عزیزی محبوب حسن کا شکر گزار ہوں جنہوں نے بیاض سے میری ساری غزلوں کو جو اِدھر اُدھر منتشر تھیں ترتیب وار اپنی خوشخط تحریروں میں یکجا کیا، اور اپنے خلفِ ثالث عزیزی جاوید نہال حشمی کا بھی تہہِ دل سے سپاس گزار ہوں کہ اس نے اِن غزلوں کی تزئین کمپیوٹر سے کی۔

انتساب

آنکھوں میں جو اشک بھرا ہے سوزِ دروں کی نشانی ہے
نیچے نیچے آگ دبی ہے اُوپر اُوپر پانی ہے

اُنہیں کا شکوہ کرنے چلے ہو اور اُنہیں کی محفل میں
شاکرؔ! شاکرؔ! کیا کرتے ہو، یہ کیسی نادانی ہے

میں اپنی غزلوں کے مجموعے کو استاذی حضرت شاکرؔ کلکتوی (مرحوم) کے مندرجہ بالا اشعار یعنی مطلع اور مقطعہ کی دلکشی اور نغمگی سے معنون کرتا ہوں۔

سخنے چند

اپنی شعری زندگی میں مجھے نظموں اور گیتوں سے کچھ زیادہ انسیت رہی ہے، غزلوں سے کم کم۔ اب ارادہ ہوا ہے غزلوں کی اشاعت بھی کر دی جائے ہر چند کہ تعداد میں کم ہیں۔ جنوری ۲۰۰۰ء میں نظموں اور گیتوں کا مجموعہ شائع ہوا۔ ادب دوستوں نے اسے ہاتھوں ہاتھ لیا۔ نومبر ۲۰۰۷ء میں ادبی، تحقیقی اور تنقیدی مضامین کا مجموعہ "قلم بولتا ہے" کے عنوان سے شائع ہوا۔ ادبی حلقے میں اس کی بھی خاطر خواہ پذیرائی ہوئی۔ اب یہ تیسرا موقع ہے کہ غزلوں کی اشاعت ہو رہی ہے۔ غزلوں کی تعداد مختصر سہی، ان کی اشاعت لاحاصل نہیں۔ اپریل ۲۰۱۱ء میں منظرِ عام پر آ رہی ہے کتاب **میری غزلیں**۔ گر قبول افتد زہے عز و شرف۔

حشم الرّمضان

حشم الرّمضان کی غزلیں

انجم عظیم آبادی، کولکاتا

اُردو شاعری میں صنفِ غزل کی اہمیت ہر عہد میں رہی ہے، اور لفظیات وموضوعات کے اعتبار سے اس نے ہر زمانے کا ساتھ دیا ہے۔ اگر ایسا نہیں ہوا ہوتا تو غزل کب کی مَر چکی ہوتی۔ تین صدیوں میں اس نے کئی پڑاؤ دیکھے۔ نِت نئی تبدیلیوں کا سامنا کیا۔ بیرونی اصنافِ شعر سے آنکھیں ملائیں۔ لیکن اس صنفِ سخن کو آج بھی فوقیت حاصل ہے۔ ابتدا میں غزلیہ شاعری کلاسیکیت، رومانیت اور غنائیت سے عبارت رہی۔ ممکن تھا کہ غزل اسی راہ پر آج بھی گامزن رہتی اگر بیسویں صدی کی تیسری دہائی میں ترقی پسند تحریک نے ادب برائے زندگی کا رجحان پیدا نہ کیا ہوتا۔ ۱۹۳۶ءمیں انجمن ترقی پسند مصنفین کے اجلاس کے بعد اُردو فکشن اور شعری ادب میں ایک ادبی انقلاب برپا ہوا۔ شعراء کی اچھی خاصی تعداد ادب برائے زندگی کو ملحوظ رکھتے ہوئے شاعری کرنے لگی۔ جو شاعر روایت پسندی ہی کو عزیز رکھتا تھا وہ اسی سے جُڑا رہا۔ لیکن ایک وقت ایسا آیا کہ ترقی پسندی اُردو شاعری پر غالب آگئی۔ اسی درمیان میں جدیدیت کی لہر آئی اور شاعروں کی نوجوان نسل کو ۲۵ - ۳۰ برسوں تک اپنے حصار میں لئے رہی۔ جدیدیت کے تحت کہی جانے والی غزلیں جب ترسیل کے مسئلوں سے دوچار ہوئیں تو جدیدیت کے پرستاروں کو پرانی ڈگر پہ آجانا پڑا۔ آج ترقی پسند تحریک

نہیں ہے لیکن فکشن اور شعری تخلیقات میں اس کا عکس کسی نہ کسی طور نمایاں ہوتا ہی ہے۔ اس تناظر میں یہ کہنا غلط نہیں ہوگا کہ ترقی پسندی کو جو کام کرنا تھا وہ کر گئی۔ اس نے ادب میں ایک تاریخ رقم کی ہے اور تاریخ ہمشہ زندہ رہتی ہے۔

حشم الرّمضان کی غزلوں کے مطالعے سے یہ بات واضح ہو جاتی ہے کہ انہوں نے اگر روایت کو گلے لگایا ہے تو ترقی پسندی کا والہانہ استقبال بھی کیا ہے۔ جہاں غمِ جاناں کا ذکر ہے وہیں غمِ دَوراں کو بھی جگہ دی ہے۔ داخلی و خارجی کرب اور تجربات و مشاہدات پر مبنی ان کے اشعار اس بات کی گواہی دیتے ہیں کہ شاعر کا ذہن نہایت بیدار ہے، اور یہی چیز شاعر کے اندر سچائی کو اُجاگر کرنے کا جذبہ عطا کرتی ہے۔ ذیل میں روایت اور ترقی پسندی کے تناظر میں کہے گئے اشعار پیش کئے جا رہے ہیں۔ ابتدا غنائی کیفیت میں ڈوبے اس شعر سے کی جا رہی ہے۔

یار زانو پہ سو گیا ہے ابھی
صبح کہہ دو ذرا ٹھہر جائے

****

یہ ترقی پسندانہ خیال ملک کی آزادی کے بعد بیشتر شاعروں کے ذہن میں آیا اور اس کا اظہار الگ الگ پیرائے میں کیا گیا۔

ہم تک نہ آسکی جب بھولے سے اک کرن بھی
کیا صبحِ نو دمیدہ کس کام کے اُجالے

****

راہِ حق میں سر کٹانے والے شہید کہلاتے ہیں۔ اُنہیں موت سے کیا نسبت؟۔

راہِ حق میں جو اپنا سَر جائے
موت خود اپنی موت مَر جائے

****

حق گوئی دار تک لے جاتی ہے۔ جسے اس کی ہمت نہیں اس کے منہ سے ذکر دار و رسن کی باتیں کوئی معنی نہیں رکھتیں۔

وہ بھی کرنے لگے ذکرِ دار و رَسن
صاف گوئی کا جن کو نہ یارا ہوا

****

اس شعر پر شاعر کے مشاہدے کی داد دیجئے۔

آ ہی جاتی ہے اس میں خوئے اَنا
جو بھی با اختیار ہوتا ہے

****

حوصلہ نہ ہارنے کی تلقین کرتے ہوئے شاعر کا یہ خوبصورت مقطع ملاحظہ کریں۔

موت برحق ہے تو پاسِ زندگی بھی ہے ضرور
یورشِ غم سے حشمؔ ہمت نہ ہارا کیجئے

****

سماجی و معاشرتی نکتۂ نظر سے یہ شعر داد کا مستحق ہے۔

احساں کیا تو خوب ، جتایا تو بھول کی
اس طرح گویا آپ نے قیمت وصول کی

****

یہ عشقیہ شعر ایک خاص کیفیت کا حامل ہے۔

شرح احوال دردِ نہانی
ہو گئی آنسوؤں کی زبانی

****

طوفاں سے ٹکرانے والا ، باہمت ہوتا ہے۔ اسے کنارے کی مطلق فکر نہیں ہوتی۔ اس مضمون کو سادگی کے ساتھ اس شعر میں دیکھئے۔

طوفاں سے بڑھ کے ہو گا نبرد آزما وہ کیا
جس ناخدا کو فکرِ کنارا ابھی سے ہے

****

تعلّی سے کوئی شاعر بچتا نہیں۔ یہ ایک فطری چیز ہے۔ حشمؔ صاحب بھی بھلا کیسے بچ پاتے۔

تیرے شعروں میں ہے اک لذتِ تقریر حشمؔ
تو، تو اب نازشِ گفتار ہوا جاتا ہے

****

روایت پسندی اور رومان پر مبنی اس شعر میں پنہاں لطفِ زباں اور فنکاری کی داد دیں۔

دل ہارنے چلے ہو بہ ایں بے بضاعتی
کچھ بھی مقامِ عشق کا تم کو شعور ہے

****

ترقی پسند شاعری کی علامتیں بھی کچھ مختلف ہوا کرتی ہیں کیوں کہ شاعر اپنے مفہوم کو ادا کرنے کے لئے ان علامتوں کو برتنے پر مجبور ہے۔

پا بہ زنجیر کیا ٹھیک ہی تم نے مجھ کو
میرے ہوتے رہیں کیوں طوق و سلاسل تنہا

****

اس شعر پر شاعر کے زاویۂ نگاہ کی داد دیجئے۔

داغِ دل زینتِ دل ہے تجھے احساس بھی ہے
حسن چہرے کا بڑھا دیتا ہے اک تِل تنہا

****

مشاہدے کے حوالے سے اس شعر کی تعریف کی جانی چاہئے۔

درد اپنوں کا ہر انصاف کے سینے میں حشمؔ
لاکھ انکار کریں آپ مگر ہوتا ہے

****

عصرِ حاضر کے اس کرب کا کون شاکی نہیں۔

جس کی سب ہاں میں ہاں ملاتے ہوں
وہ ضمیروں کو مولتا ہوگا

****

کٹھنائیوں سے گزرنے والا ہی منزل پاتا ہے۔ اس تناظر میں یہ مطلع نذر ہے۔

پے در پے ضرباتِ الم سے کیوں ہو کوئی دل گیر
آہن چوٹیں کھا کر ہی تو بنتا ہے شمشیر

****

صاف گوئی کسے راس آتی ہے۔ شاعر بھی اس کا گلہ کر بیٹھا۔

صاف گوئی کے حشمؔ آپ گنہگار جو تھے
کیوں بھلا اپنے پرائے نہ کنارا کرتے

****

عصرِ حاضر کے اس کرب کا کون منکر ہو سکتا ہے۔

اس سے بڑھ کر المیہ ہے کیا آج کا
آدمیت سے ہے بے خبر آدمی

****

ایک عمر تک شاعری کرنے والے شاعر کو یہ حق پہنچتا ہے کہ وہ اس میں تجربہ بھی کرے۔ حشمؔ صاحب نے بعنوان "ہندی آمیز غزل" کہی ہے۔ نموناً یہ اشعار پیشِ خدمت ہیں۔

دکھ والوں کا بھیس بدل کر سکھ والے حق ماریں گے
دُکھیاروں کی ہمدردی میں چھوٹ جو دے سرکار تنِک
مانجھی، رُک، میں بھی تو دیکھوں موجوں کے کیا کس بَل ہیں
ہاتھوں میں دینا تو میرے کشتی کی پتوار تنِک
قائل تیری اہلّیت کے ہم ہیں حشمؔ بکنے دے اُسے
کھل جائے گی اصلّیت کرے تو وہ گفتار تنِک

مزید اشعار پیش کرنے سے گریز کرتے ہوئے میں اپنی بات اس توقع کے ساتھ ختم کر رہا ہوں کہ حلقۂ اہلِ نظر میں جناب حشم الرّمضان کی غزلیہ شاعری کی روشن قدر و قیمت کا تعین کیا جائے گا۔

□□

لوٹ لیتا ہے حشؔم شعر کی محفل تنہا

ایم۔ علیؔ (ریٹائرڈ ڈپٹی مجسٹریٹ)، ہوڑہ

حشم الرّمضان صاحب کی شخصیت کا طرّۂ امتیاز اُن کی علمیت اور لسانی صلاحیت ہے۔ لفظیات کے زیر و بم، معنویت کی تہہ داری اور فنِ شاعری کے اسرار و رموز سے گہری واقفیت اُن کے عمیق مطالعہ کی مرہونِ منّت ہے۔

ہر دَور میں کوئی نہ کوئی فنکار ایسا پیدا ہو جاتا ہے جس کی ذات نئی نسل کے دل و دماغ پر وہ نقش ثبت کر دیتی ہے جو ادب کے نئے مسافروں کے لئے شمعِ راہ بن جاتا ہے۔ علّامہ اقبالؔ کے فکر و فن نے بھی دنیائے ادب میں وہ نور بھر دیا جس کی ایک ایک کرن سے نہ جانے کتنے چراغوں نے جلنا سیکھ لیا۔ حشم الرّمضان صاحب کی شاعری نے بھی اسی کوکھ سے جنم لیا اور پھر اقبالؔ کے رنگ و آہنگ میں ڈوب کر بہت ساری نظمیں جنابِ حشؔم کی نوکِ قلم سے اُبھریں اور "**میری نظمیں میرے گیت**" نامی جیسی خوبصورت کتاب کے اوراق کی زینت بن گئیں۔ موصوف بنیادی طور پر نظمیات کے شاعر ہیں لیکن غزل کے سحر سے کون بچ پایا ہے۔ غزل کا جادو تو سر چڑھ کر بولتا ہے۔ شاید اس کا بنیادی سبب یہی ہے کہ غزل کبھی بھی پا بجولاں نہیں

رہی۔ غزل نے اپنے حُسن کو نئے رنگ و روغن سے ہمیشہ ہی تر و تازہ رکھا جس کا نتیجہ ہے کہ غزل ہر دَور میں جوان نظر آئی، ہر ہاتھ اس کے دامن کو چھونے کے لئے بے تاب رہا، ہر آنکھ اس کے جلوؤں کو لوٹنے کے لئے بے چین رہی، اور وہ آواز جس نے کبھی غزل کو ''وحشی صنفِ سخن'' کہہ کر پکارا تھا، خود ہی خاموشیوں کی قبر میں دفن ہو کر رہ گئی۔ غزل نے ترقی پسند رجحانات کو بھی اپنے لبوں کی سُرخی بنایا تو جدیدیت کی بھول بھلیّوں میں بھی گھومنے کو ترجیح دی۔ غزل نے کسی بھی تحریک، رجحان یا رویّے کو شجرِ ممنوعہ نہیں سمجھا۔ وہ ہمیشہ آگے بڑھتی رہی اور اس انداز میں بڑھتی رہی کہ راستے کی گرد اس کے چہرے پر جمنے کی بجائے خود اس کی ٹھوکروں سے دور دور بھاگتی رہی۔

اب حشؔم الرّمضان صاحب کی نئی کتاب یعنی شعری مجموعہ منظرِ عام پر آرہی ہے۔ یہ مجموعہ ایک ایسی فضا سے تعلق رکھتا ہے جہاں حُسنِ زبان ہے، قدرتِ بیان ہے اور عروسِ فن کی جلوہ آرائیاں ہیں۔ حشؔم صاحب نے بہت ہی ایمانداری کے ساتھ روایات کی پاسداری کی ہے۔ بیشتر غزلیں روایتی مضامین کی خوبصورت اور روایتی اسلوب کی چاشنی سے مزیّن ہیں۔ حُسن و عشق کی باتیں، حکایتِ دل، شیخ و برہمن کی تکرار، دیر و حرم کا تضاد، وفا و جفا کے میلانات، رِند اور توبے کا التزام، تصوف کا رنگ اور ایسے ہی دوسرے روایتی افکار حشؔم صاحب کی غزلوں کی آماجگاہ ہیں۔ بعض اشعار میں وہ سادگی اور برجستگی ملتی ہے جو دل کو فوراً موہ لیتی ہے۔ خوبصورت تراکیب کا ایک جال سا چاروں طرف پھیلا ہوا ہے۔ طنز کے وار بھی ملتے ہیں مگر کلاسیکی مزاج طنز

کو بھی لطیف بنا کر پیش کرتا ہے۔ ادب کو تکرارِ مضامین (Repeated thoughts) کے نام سے بھی پکارا گیا ہے۔ اس مجموعے کی غزلوں کا ایک بڑا حصّہ ادب کے اِسی تعریف کے زمرے میں آتا ہے۔ نمونے کے طور پر کچھ اشعار ملاحظہ ہوں۔

یہ عارض اور یہ تِل اللہ اللہ ہم تو سمجھے تھے
اُجالے میں اندھیرے کو سمویا جا نہیں سکتا

مستی بھری فضائیں، بادل یہ کالے کالے
ایسے میں دل مچل کر توبہ نہ توڑ ڈالے

وہ ہیں کہ مشقِ ستم، مشقِ جفا کرتے ہیں
ہم ہیں کہ خمِ سرِ تسلیم و رضا کرتے ہیں

راکھ میرے نشیمن کی بکھری ہوئی
فصلِ گل کا ہے صدقہ اُتارا ہوا

جل جائے اک جھلک سے کوئی کوہِ طور ہے
دل ہے حضور دل، اور اسے تابِ نور ہے

اے حُسنِ طرفہ ساماں روزِ ازل ہی میں نے
اپنی متاعِ ایماں کر دی ترے حوالے

زندگی جلوہ طلب دیکھئے کب تک رہے
غلبۂ افسونِ شب دیکھئے کب تک رہے

اپنی قیمت نہ بس نقدِ جاں کیجئے
اور بھی کچھ یہ سوداگراں کیجئے

اس مجموعے میں حشم الرّمضان صاحب کی وہ غزلیں شامل ہیں جو ۱۹۵۲ء اور ۲۰۰۱ء کے درمیان وقفے وقفے سے لکھی گئی ہیں۔ اس عرصے میں دنیائے ادب نے بڑی بڑی تحریکیں اور میلانات دیکھے ہیں، ادب برائے ادب سے ادب برائے زندگی تک، ادب برائے زندگی سے وجودیت کے ابہام تک، اور وجودیت کے فلسفۂ ابہام سے عصرِ حاضر کے بے پناہ سائنسی عروج اور اخلاقی زوال تک۔ غور کرنے کی بات یہ ہے کہ صاحبِ مجموعہ پر ادب برائے ادب کے بعد کون سا دَور کس حد تک اثر انداز ہوا ہے۔ ایک حسّاس شاعر اپنے اِرد گرد کے حالات سے بے تعلق اور بے خبر نہیں رہ

سکتا۔ حشؔم صاحب کے مزاج میں بھی رفتہ رفتہ تبدیلی آتی گئی ہے۔ یہ دوسری بات ہے کہ ترقی پسندی کی لہریں شاعر کو زیادہ دیر تک لبھا نہیں سکیں اور نہ ہی جدیدیت کی ہوا بہت دُور تک شاعر کو اپنے ساتھ بہلا کر لے جا سکی۔ شاعر کا کلاسیکی مزاج کسی نہ کسی مقام پر غالب آ ہی جاتا ہے اور عصری حسّیت بھی روایتی اسلوب کے تابع ہو جاتی ہے۔

تیشۂ کوہکن جب اُٹھے لے کے ہم
ریزہ ریزہ ہر اک سنگ خارا ہوا

پا بہ زنجیر کیا ٹھیک ہی تم نے مجھ کو
میرے ہوتے رہیں کیوں طوق و سلاسل تنہا

بستے تھے جن میں واقعی انسان اے حشؔم
مشکل سے شہر میں مجھے دو چار گھر ملے

جھکنا ہمیں قبول نہیں توڑ ڈالئے
جھک جھک کے ہم بلندیٔ سر مانگتے نہیں

مکر و ریا کی اس بستی میں تیری کون سُنے اے دل
چاہے وہ انصاف نہ بانٹیں، ہاتھوں میں میزان تو ہے

شام و سحر کی حد میں رہ کر یوں تو سبھی جی لیتے ہیں
جینا تو جب ہے کہ جئیں ہم شام و سحر سے آگے بھی

اب تو پل بھر میں چہرے بدلنے لگے
آدمی پر یقیں آدمی کیا کرے

ہم تک نہ آسکی جب بھولے سے اک کرن بھی
کیا صبحِ نو دمیدہ کس کام کے اُجالے

اس سے بڑھ کر المیہ ہے کیا آج کا
آدمیت سے ہے بے خبر آدمی

کیسی جبینِ عدل ہوئی ہے عَرق عَرق
ہے صاف کس قدر کفِ قاتل نہ پوچھئے

خوشی کی بات ہے کہ یہ مجموعہ کلام ایسے وقت میں ظہور پذیر ہو رہا ہے جب مفتیانِ ادب اپنی اپنی دکان سمیٹنے میں لگے ہوئے ہیں، ترقی پسندی چلتے چلتے آدھے رستے میں دَم توڑ چکی ہے، جدیدیت خود تنہائیوں کے جنگل میں بھٹک بھٹک کر اپنے وجود کو بھول چکی ہے، ورنہ عین ممکن تھا کہ اس مجموعے کی اشاعت کے بعد اس کے مواد اور اسلوب پر نہ جانے کتنے فتوے صادر ہو جاتے۔ کم از کم اب اس بات کی اُمید کی جاسکتی ہے کہ لوگ اس مجموعے کو ایک ایسے آئینے کے طور پر قبول کر لیں گے جس میں ماضی کی جھلکیاں بھی ملتی ہیں، حال کا چہرہ بھی نظر آتا ہے، اور کسی حد تک مستقبل کی پرچھائیاں بھی لہراتی ہیں۔

بعض کتابوں میں کمزوریاں پائی جاتی ہیں جو ناواقفیت کی بنا پر وقوع پذیر ہوتی ہیں اور بعض کتابوں میں بے احتیاطیاں نظر آتی ہیں جو کسی ناواقفیت کا نتیجہ نہیں ہوتیں، بلکہ تجربے کی دھُن، تخیل کے تیز بہاؤ یا نفسِ مضمون کی قدامت پر اصرار کی وجہ سے وارد ہو جاتی ہیں۔ حشم صاحب کی قوتِ تخیل اور فن شناسی شک و شبہے سے بالا تر ہے۔ پھر بھی اس مجموعے میں بعض مقامات پر بے احتیاطی در آئی ہے جس سے گریز بہتر ہوتا۔ مثال کے طور پر درج ذیل اشعار دیکھئے تو معلوم ہوتا ہے کہ اِن کی اپنی کوئی شناخت نہیں بلکہ وہ کسی کا عکس ہیں۔

نیند اُس کی ہے، دماغ اُس کا ہے، راتیں اُس کی ہیں
جس کے شانے پر تری زلفیں پریشاں ہو گئیں

(غالبؔ)

رات اُس کی ہے جس کے شانوں پر
زلفِ شبگوں تری بکھر جائے
(حشم)

****

بے خطر کود پڑا آتشِ نمرود میں عشق
عقل ہے محوِ تماشائے لبِ بام ابھی
(اقبال)

عشق تھا وہ، مجالِ عقل کہاں
نارِ نمرود سے گزر جائے
(حشم)

ادب میں مضامین کی تکرار بُری بات نہیں ہے، لیکن جب بھی ایسا موقع ہاتھ آئے تو کوشش کرنی چاہیئے کہ پیرائے اظہار میں ایسی تبدیلی کر لی جائے کہ فکر کی یکسانیت کے باوجود جو شعر تیار ہو وہ اپنی جداگانہ حیثیت بھی رکھتا ہو۔ اس بات کی وضاحت کے لئے ایک مثال پیش ہے۔ غالب کا شعر ہے۔

کون ہے جو نہیں ہے حاجت مند
کس کی حاجت روا کرے کوئی

اس خیال کو جب ایک جدید شاعر اپناتا ہے تو اسے یوں پیش کرتا ہے۔

یہ ایک ابر کا ٹکڑا کہاں کہاں برسے
ہر ایک دشت تو پیاسا دِکھائی دیتا ہے

فکر کی یکسانیت کے باوجود علامتی اظہار کی بِنا پر شعر ایک الگ حیثیت کا حامل ہو گیا ہے۔

ان تمام باتوں کے باوجود اس مجموعے کی قدر و قیمت میں کوئی کمی واقع نہیں ہو سکتی، کیوں کہ ہر چیز کی پہچان اس کے مجموعی تاثر سے ہوتی ہے۔ یہ شعری مجموعہ بھی اپنی مجموعی خوبیوں کی بنا پر ہمیشہ یاد رکھا جائے گا۔ در حقیقت یہ مجموعہ اپنے اندر فکر و فن کے ایسے جھماکے کرتا رہتا ہے کہ کوئی بھی سخن فہم ان جھماکوں سے اپنی نظریں ہٹا ہی نہیں سکتا۔ بقول شاعر

دیر ہوتی ہے تو ہوتی ہو مگر ہوتا ہے
دل سے نکلی ہوئی باتوں کا اثر ہوتا ہے

یہ عبارت اس مضمون کی آخری عبارت ہے جس کا تعلق اس شعری مجموعے کے ساتھ بالواسطہ اور روحِ ادب کے ساتھ براہِ راست ہے۔ مجھے تسلیم ہے کہ اپنے عہد کی عکاسی کرنا ادب کی ایک لازمی ذمّہ داری ہے، مگر اس کا بنیادی مقصد آفاقی قدروں کی آبیاری اور پاسداری ہے۔ جس شاعری میں آفاقیت کا لمس نہ ہو وہ شاعری دائمی اور پائیدار نہیں ہوتی۔ ہر عہد کے اپنے اپنے اُجالے ہوتے ہیں، مگر یہ ہیجانی اُجالے آفاقیت کی چمک دمک کو بجھا نہیں سکتے۔ اس کے برعکس، جب زندگی ایک عہد

کو چھوڑ کر دوسرے عہد میں داخل ہوتی ہے تو پہلے عہد کی روشنی خود ایک بجھتی ہوئی شمع کا دھواں بن جاتی ہے اور فضائے بسیط میں بادل کے ایک چھوٹے سے ٹکڑے کی طرح اپنے وجود کو کسی نہ کسی طرح برقرار رکھنے میں مصروف ہو جاتی ہے۔ عظیم اور بڑی شاعری کے لئے فکر کی بلندی، جذبے کی پختگی، اسلوب کی انفرادیت، مضامین کا تنوع اور نیا پن، اور آفاقیت کا لمس ناگزیر ہے۔ ظاہر ہے ان تمام شرطوں کو پورا کرنا ہر کس وناکس کے بس کی بات نہیں ہے۔ یہی وجہ ہے کہ میرؔ، غالبؔ اور اقبالؔ آئے دن پیدا نہیں ہوتے۔ نخلِ دل کو صرف ایک رُت کافی نہیں، سر سبز ہونے کے لئے ایک زمانہ درکار ہوتا ہے۔ پھر بھی شاعری کا سفر رُکتا نہیں ہے، جاری رہتا ہے۔ جس طرح چلنا ہی زندگی کی فطرت ہے، اُسی طرح تحریروں کا اُبھرتے رہنا ادب کے لئے عملِ تنفس کی حیثیت رکھتا ہے۔ لہٰذا شعری مجموعے منظرِ عام پر آتے رہیں گے، شاعری اپنے جلوے دِکھاتی رہے گی، کبھی دھیمے، کبھی تیز، اور یہ سلسلہ چلتا رہے گا، اور پھر ایک وقت ایسا بھی آئے گا جب دنیا ایک بار پھر عظیم اور بڑی شاعری سے روشناس ہوگی۔

مت سہل ”ہمیں“ جانو پھرتا ہے فلک برسوں
تب خاک کے پردے سے ”خورشید“ نکلتے ہیں

(روحِ میر تقی میرؔ سے معذرت کے ساتھ)

□□

مری پلکوں کو اشکوں سے بھگویا جا نہیں سکتا
ستم گو لاکھ ٹوٹیں مجھ سے رویا جا نہیں سکتا

یہ عارض اور یہ تِل ، اللہ اللہ ، ہم تو سمجھے تھے
اُجالے میں اندھیرے کو سمویا جا نہیں سکتا

یہ کیسا میل ہے دل میں ترے کہہ تو سہی ظالم
مرے اشکِ وفا سے بھی جو دھویا جا نہیں سکتا

فضائے دہر کچھ ایسی غبار آلودہ کیں ہے
اخوت کا دلوں میں بیج بویا جا نہیں سکتا

کسی بھی روپ میں تو آ مگر یہ جان لے طوفاں
کبھی یہ امن کا بیڑا ڈبویا جا نہیں سکتا

تو ایسی زندگی کو زندگی ہی کیوں بھلا کہیے
اگر بارِ الم ہنس ہنس کے ڈھویا جا نہیں سکتا

جسے کارِ درازِ عمر کو تہ سے ہو آگاہی
یہ سچ ہے ایک پل بھی اس سے سویا جا نہیں سکتا

حشمؔ مایوس تم تو اس طرح ہو آج کل جیسے
کہ آیا ہے جو روزِ بد یہ گویا جا نہیں سکتا

(۱۶/اکتوبر ۱۹۵۴ء)

جیت تو جیت ہار ہار نہ ہو
راہِ حق سے اگر فرار نہ ہو

غم کی لذّت سے وہ کہاں واقف
جس کو آزارِ عشقِ یار نہ ہو

بارِ غم بار ہو نہیں سکتا
شرط ہے دل نحیف و زار نہ ہو

عشق اُس جا ہے کامیاب، جہاں
عقل کو کوئی اختیار نہ ہو

دل ہوس میں نہ ہو جو سودائی
دامنِ صبر تار تار نہ ہو

ایک ہیں پھر بھی ظاہر و باطن
رندگو شیخ سا ہزار نہ ہو

ہے جنوں عشق ہی کی شکلِ کمال
عقل کو ہو کہ اعتبار نہ ہو

دھوکے دیتی رہے گی نیرنگی
فکر جب تک کہ استوار نہ ہو

شعر تو خوب ہے حشم تیرا
ہاں اگر فکر مستعار نہ ہو

(۲۲؍مارچ ۱۹۵۷ء)

توڑے کبھی حرم تو ڈھائے کبھی شوالے
یہ ہیں جناب انساں قرآن و بید والے

مستی بھری فضائیں بادل یہ کالے کالے
ایسے میں دل مچل کر توبہ نہ توڑ ڈالے

سرمست جس کو کر دیں تری انکھڑیوں کے پیالے
وہ رند کیوں نہ ساقی پیمانہ توڑ ڈالے

اے حسنِ طرفہ ساماں روزِ ازل ہی میں نے
اپنی متاعِ ایماں کر دی ترے حوالے

کانٹوں کی تشنگی تو بجھتی ہے ان کے دم سے
کیا غم جو پڑ رہے ہیں پاؤں میں میرے چھالے

پیدا ہو جس کے دل میں سچی لگن وہ رہرو
کیوں کر نہ رفتہ رفتہ منزل کو اپنی جا لے

ہم تک نہ آ سکی جب بھولے سے اک کرن بھی
کیا صبحِ نو دمیدہ کس کام کے اُجالے

للّٰہ اب تو اپنے جلووں کو عام کر دو
ایام تیرہ بختی ٹلتے نہیں ہیں ٹالے

ہنگام یاس و حرماں بجھ جائے دل جو تیرا
اُمید کی کرن سے من کے دیئے جلا لے

اس بدنصیب گل کا انجام اللہ! اللہ!
فصلِ بہار میں جو دم بھر کو مُسکرا لے

مختار ہو تو اِس سے تنکا بھی اُٹھ نہ پائے
مجبور ہو تو انساں کوہِ گراں اُٹھا لے

اب کیا حشمؔ ہمیں ہو قہرِ خزاں کا شکوہ
جب عین فصلِ گل میں جاں کے پڑے ہیں لالے

(۳؍ جولائی ۱۹۶۰ء)

راہِ حق میں جو اپنا سَر جائے
موت خود اپنی موت مَر جائے

پرسشِ حال وہ جو کر جائے
نبض ڈوبی ہوئی اُبھر جائے

روپ نکھرے عروسِ ہستی کا
زلفِ گیتی اگر سنور جائے

سخت مشکل ہے ایک جا کرنا
شیشۂ دل اگر بکھر جائے

یار زانو پہ سو گیا ہے مرے
صبح کہہ دو ذرا ٹھہر جائے

اُن سے کہنے کو تو کہہ دوں سب کچھ
حرفِ مطلب خطا نہ کر جائے

رسمِ اُلفت کی خیر ہو، جس دم
چارہ سازی کو چارہ کر جائے

رات اُس کی ہے جس کے شانوں پر
زلفِ شبگوں تری بکھر جائے

یہ بھی دستورِ بزم ہے کوئی
جو بھی آئے بہ چشمِ تر جائے

خوب سے خوب تر نگار کی دھُن
دل کی فطرت ہے کیوں ٹھہر جائے

عشق تھا وہ، مجالِ عقل کہاں
نارِ نمرود سے گزر جائے

اب تو بس آپ ہی سے مطلب ہے
آپ کا آشنا کدھر جائے

آپ ہی کا تو مبتلا ہے حشمؔ
یہ نہ کہیئے "بلا سے مر جائے"

(۱۸/نومبر ۱۹۶۰ء)

وہ ہیں کہ مشقِ ستم مشقِ جفا کرتے ہیں
ہم ہیں کہ خم سرِ تسلیم و رضا کرتے ہیں

جن کی خاطر ہوا فرزانوں میں رسوا اے دل
ہائے وہ بھی مجھے دیوانہ کہا کرتے ہیں

کوئی دیکھے تو سہی اُن کی کرم فرمائی
کاٹ کر میرے پَر و بال رِہا کرتے ہیں

اور ہوں گے وہ جنہیں سود و زیاں کا ہو خیال
ہم وفا والے تو بے لاگ وفا کرتے ہیں

بے تعلق بھی رہوں ترکِ تعلق بھی نہ ہو
کیا جفا مجھ پہ وہ بالائے جفا کرتے ہیں

جذبۂ رحم و کرم کو نہ لگے ٹھیس اُن کے
بے خطا ہو کے بھی ہم لوگ خطا کرتے ہیں

فقر کی بے سروسامانی پہ نادان نہ ہنس
سَر شہنشاہوں کے اِس در پہ جھکا کرتے ہیں

دقّتِ فکر و نظر سے انہیں کرتا ہوں عیاں
حادثے جو پسِ افلاک رہا کرتے ہیں

خوشہ چیں بھی ہیں مرے خرمنِ افکار کے وہ
میرے شعروں پہ جو تنقید کیا کرتے ہیں

شمعِ افکار حؔشم میں نہ جلاتا کب تک
جلنے والے تو بہرحال جلا کرتے ہیں

(۵ر ستمبر ۱۹۶۳ء)

ظلم ہی وہ کیوں نہ ہو کچھ تو خدارا کیجئے
دیکھئے دل کو نہ بالکل بے سہارا کیجئے

فرشِ رہ کر دوں ابھی مہر و مہ و انجم تمام
آپ والله اک ذرا سا تو اشارا کیجئے

کیوں ہو دل کی سخت جانی باعثِ ناراضگی
لیجئے زخموں سے اس کو پارا پارا کیجئے

رقصِ بسمل سے اگر ہونا ہے لطف اندوز تو
تیر نظروں کے ذرا تھم تھم کے مارا کیجئے

میرے اظہارِ تمنّا کا اشارہ جان کر
خود کو اتنا بھی نہ خود بین و خود آرا کیجئے

ہے روا مسلک یہی بازی میں حسن و عشق کی
جیت ہو ان کی ہمیشہ آپ ہارا کیجئے

بندہ پرور کم سے کم سائل ہی مجھ کو جان کر
گاہے گاہے حسن کے صدقے اُتارا کیجئے

ہے بڑھانا اُس جفا پیشہ سے رسم و راہ تو
دل میں پیدا پہلے ضبطِ غم کا یارا کیجئے

پوچھتے ہو حال کیا جب ہے مقدر ہی یہی
ظلم سہیے ، کچھ نہ کہیے ، غم گوارا کیجئے

اشک کے طوفان میں محصور ہے کشتیٔ دل
دیکھئے ، للہ نہ ایسے میں کنارا کیجئے

کب کسی کی شامت آئی، کب کسی کی جاں گئی
آپ کو کیا ، آپ تو زلفیں سنوارا کیجئے

موت برحق ہے تو پاسِ زندگی بھی ہے ضرور
یورشِ غم سے حشمؔ ہمّت نہ ہارا کیجئے

(۱۸؍ اکتوبر ۱۹۶۳ء)

سوزشِ غم سے دل برق پارا ہوا
اشک آنکھوں سے ٹپکا شرارا ہوا

رونما جب سوادِ کنارا ہوا
تیز تر بحرِ اُلفت کا دھارا ہوا

رازِ دل جب کبھی آشکارا ہوا
عشق بیچارہ قسمت کا مارا ہوا

اللہ اللہ ترے حُسن کا بانکپن
نامکمل ہر اک استعارا ہوا

بات کوئی نہ کوئی تو ہے ، ورنہ کیوں
التفات ان کا مجھ پر دوبارا ہوا

خوب کیجئے ستم ، یہ دلِ زار بھی
مہرباں ، آپ ہی کا اجارا ہوا

اللہ اللہ رضا شیوہ ہوتا ہے کیا!
دل محبت کی بازی میں ہارا ہوا

میں بہر حال سینہ سپر ہو گیا
جب بھی تیری نظر کا اشارا ہوا

کیا ہو گرمِ عمل وہ کہ جس کا سدا
چھاؤں میں گیسوؤں کی گزارا ہوا

راکھ میرے نشیمن کی بکھری ہوئی
فصلِ گل کا ہے صدقہ اُتارا ہوا

جب بھی طوفاں کا میں نے کیا سامنا
روگ جی کا خیالِ کنارا ہوا

وہ بھی کرنے لگے ذکرِ دار و رسن
صاف گوئی کا جن کو نہ یارا ہوا

تیشۂ کوہکن جب اُٹھے لے کے ہم
ریزہ ریزہ ہر اک سنگ خارا ہوا

کیوں نہ راسخ ہوں تیرے ارادے حشمؔ
تو ہے درد و الم کا نکھارا ہوا

(۱۰ رمئی ۱۹۶۴ء)

آج کرتے ہیں وہ دلستانی
اللہ اللہ رے مہربانی

شرحِ احوالِ دردِ نہانی
ہو گئی آنسوؤں کی زبانی

ساتھ کچھ دن تو دے زندگانی
اور ہی میں نے دل میں ہے ٹھانی

ایک ہو کر بھی ہیں مختلف کیا
میرا افسانہ ان کی کہانی

مجھ کو رسوائے اُلفت نہ کر دے
دل کی بڑھتی ہوئی ناتوانی

دیکھ لی مدعا کہہ کے دل نے
مہرباں، آپ کی مہربانی

دیکھتے بھی نہیں میری جانب
اللہ، ایسی بھی کیا بدگمانی

کر دیا موجِ جوئے رواں کو
تیری رفتار نے پانی پانی

ہیں تری مست و مخمور آنکھیں
رشکِ جام مئے ارغوانی

بات کہہ نہ سکا جو زباں سے
کہہ گئی وہ مری بے زبانی

ہے ازل سے ہی اقلیم دل پر
ملکۂ حسن کی حکمرانی

عشق تسلیم خو ہے، وگرنہ
حسن اور دعوئ لن ترانی!

دل کی اب تک ہوئی ہے نہ ہوگی
نا سزا عقل سے پاسبانی

خندۂ گل میں سچ پوچھئے تو
ہے نہاں اک جہانِ معانی

حسرتا! دو گھڑی بھی حشمؔ کو
راس آئی نہیں شادمانی

(۲۱/جون ۱۹۶۴ء)

ہر کَس غمِ حیات کا مارا ابھی سے ہے
جاری گلے پہ سانس کا آرا ابھی سے ہے

مجھ پر جو اُن کا لطف و مدارا ابھی سے ہے
شاید کوئی خموش اشارا ابھی سے ہے

از بس کہ انتظار تمہارا ابھی سے ہے
دل وقفِ اضطراب ہمارا ابھی سے ہے

ایسے میں کوئی خاک کرے عرضِ مدعا
تیور نفی کا جب کہ تمہارا ابھی سے ہے

لو دیکھو ڈالتا ہوں میں پھر طرحِ آشیاں
حالانکہ بجلیوں کا اشارا ابھی سے ہے

کیسے کوئی امید مری دلدہی کرے
گردش میں جب نصیب کا تارا ابھی سے ہے

یارب سفینۂ دلِ ناداں کی خیر ہو
موّاج بحرِ عشق کا دھارا ابھی سے ہے

طوفاں سے بڑھ کے ہو گا نبرد آزما وہ کیا
جس ناخدا کو فکرِ کنارا ابھی سے ہے

اُن رہرؤں کو خاک ملے منزلِ حیات
پاؤں کو جن کے شکوۂ یارا ابھی سے ہے

حاصل انھیں کو ہو گا مگر لطفِ انگبیں
زہرِ حیات جن کو گوارا ابھی سے ہے

آفاتِ روزگار سے آنکھیں ملائیں کیا
جب جامِ بیخودی کا سہارا ابھی سے ہے

ہے ہجر یار صدمۂ فردا، مگر حشمؔ
بے کیفیوں کی نذر نظارا ابھی سے ہے

(۹/اگست ۱۹۶۴ء)

حق نگر دیدۂ بیدار ہوا جاتا ہے
فاش رازِ رسن و دار ہوا جاتا ہے

عام کیا آپ کا دیدار ہوا جاتا ہے
حُسن رسوا سرِ بازار ہوا جاتا ہے

صبر اب روح کا آزار ہوا جاتا ہے
جینا دو بھر مرے سرکار ہوا جاتا ہے

اب تو کچھ تو ہی بتا اے غمِ دوراں کیا ہو
ناشکیبا دل بیمار ہوا جاتا ہے

اے دلِ تشنہ خدا کے لئے مایوس نہ ہو
وا ابھی دیدۂ مئے بار ہوا جاتا ہے

بے نیازانہ وہ ہیں محوِ خرام اور کوئی
بیگنہ ، کُشتۂ رفتار ہوا جاتا ہے

بازئ عشق میں نادان یہ کیا بے خبری
جیتنا تیرا ، تری ہار ہوا جاتا ہے

روئے زیبا پہ ترے جلوۂ رنگیں کا حجاب
حسرتا! حارجِ دیدار ہوا جاتا ہے

تیری شریانوں میں اے دوست حیا کا احساس
گھل کے ، گلگونۂ رخسار ہوا جاتا ہے

اللہ اللہ رے برافگندہ نقابی تیری
اک جہاں مطلعِ انوار ہوا جاتا ہے

صبر اے جذبۂ دل بس کوئی دم میں ان کا
خم بسجدہ سرِ پندار ہوا جاتا ہے

چوٹ وہ دوستوں نے دی کہ تصوّر تک بھی
دوستداری کا ، دل آزار ہوا جاتا ہے

رحم اے ضربِ الم ، سازِ دل خونیں سے
منتشر نالۂ خونبار ہوا جاتا ہے

عالمِ یاس میں اے میرے تنفس ، مجھ پر
تیرا احسان گرانبار ہوا جاتا ہے

اپنی ناکامیٔ پیہم کی عنایت کی قسم
دل مرا محرمِ اسرار ہوا جاتا ہے

اللہ اللہ رے یہ سیلابِ یم عجز و نیاز
قصرِ کبر و منی مسمار ہوا جاتا ہے

دیکھ آ جائے نہ لغزش کہیں اے پائے ثبات
راستہ زیست کا پُرخار ہوا جاتا ہے

تیرے شعروں میں ہے اک لذّتِ تقریر حشمؔ
تو ، تو اب نازشِ گفتار ہوا جاتا ہے

(۸رنومبر ۱۹۶۴ء)

جب ترا انتظار ہوتا ہے
دل بہت بے قرار ہوتا ہے

جو بھی اُلفت شعار ہوتا ہے
پیکرِ انکسار ہوتا ہے

گل کا جو پہرہ دار ہوتا ہے
خار انجام کار ہوتا ہے

کتنی بے بس ہے زندگی جس کا
ہر نفس مستعار ہوتا ہے

ذرہ ذرہ حدود میں اپنی
مہرِ نصف النہار ہوتا ہے

مشکلیں راہ چھوڑ دیتی ہیں
عزم جب پائدار ہوتا ہے

بندۂ کذب کس خلوص کے ساتھ
صدق کا دعویدار ہوتا ہے

بے خبر، دل شکستہ ہو جانا
زندگی سے فرار ہوتا ہے

فکر و احساس کی لطافت کا
شعر آئینہ دار ہوتا ہے

فی الحقیقت کلام شاعر کا
وقت کا شاہکار ہوتا ہے

سوزشِ غم کی آتشیں تفسیر
دیدۂ اشک بار ہوتا ہے

پردہ در تو نگاہ ہوتی ہے
دل سدا پردہ دار ہوتا ہے

شیوۂ عاجزی بشر کے لئے
باعثِ افتخار ہوتا ہے

گوہرِ آبدارِ غم کا امیں
دامنِ تار تار ہوتا ہے

کوئی ہوتا نہیں رضا شیوہ
اک دلِ داغدار ہوتا ہے

آ ہی جاتی ہے اس میں خوئے اَنا
جو بھی با اختیار ہوتا ہے

پا بجولاں حضور میں دل کے
عقل کا راہوار ہوتا ہے

کھوٹ ہوتی ہے اس کی نیت میں
جس کے دل میں غبار ہوتا ہے

جس کو کہتے ہیں آپ دل کا قرار
وہ تو اس کا مزار ہوتا ہے

کھپ کے رہروِ رہِ طلب میں حشم
نازشِ رہ گذار ہوتا ہے

(۱۵ر نومبر ۱۹۶۴ء)

ہم دیکھتے کہ حسن کو کتنا غرور ہے
لیکن عجیب شئے یہ دلِ ناصبور ہے

جل جائے اک جھلک سے کوئی کوہِ طور ہے
دل ہے حضور دل، اور اسے تابِ نور ہے

کس بات کی ہے پھر سرِ محشر یہ باز پرس
میں نے تو سُن رکھا ہے تو رب غفور ہے

ناکامیوں نے کر دیا ہر چند نیم جاں
پھر بھی ہوں پُر اُمید یہ میرا شعور ہے

موقوف ہے عمل ہی پہ انجامِ زندگی
ناداں عبث یہ تذکرۂ نار و نور ہے

سنگینیٔ جفائے رفیقاں نہ پوچھئے
سینے میں آبگینۂ دل چور چور ہے

اللہ رے میری تیرہ نصیبی کہ سب تو سب
ہمدم تھا اپنا سایہ سو اب وہ بھی دور ہے

دل ہارنے چلے ہو بہ ایں بے بضاعتی
کچھ بھی مقامِ عشق کا تم کو شعور ہے

کچھ میری سرکشی میں مری ہی خطا نہیں
یارب خطا معاف، ترا بھی قصور ہے

اچھوں پہ نکتہ چینی نئے دَور میں حشمؔ
عادت اگر نہیں ہے تو فیشن ضرور ہے

(۱۲/دسمبر ۱۹۶۴ء)

کیا حسیں ہے غزل کی دولہن سیم تن نازنیں گلبدن
دلنشیں جس کا طرزِ سخن، جانفزا جس کی خوشبوئے تن

چھوڑیئے قصہ باستاں آج کل ہیں یہ زہرابِ جاں
ہیر رانجھا کی ہو داستاں یا وہ ہو قصّۂ نل دمن

کیسی آئی ہے نازک گھڑی زندگی دار پر ہے کھڑی
اپنی اپنی ہے سب کو پڑی وائے حسرت! یہ بیگانہ پن

کتنی جانکاہ ثابت ہوئی تیز رفتار اِس دَور کی
وقت کی سانس چڑھنے لگی سارے عالم میں پھیلی گھٹن

تم جفا والے بھی ٹھن گئے ہم وفا والے بھی تن گئے
دیکھتے دیکھتے بن گئے زخم سینے کے رشکِ چمن

سب کے ایمان باطل ہوئے سب صداقت سے غافل ہوئے
جب طبیعت میں داخل ہوئے بغض، کینہ، عداوت، جلن

وہ کہ ہے نازشِ کبریا مول اس کا ہے کیوں روپیہ
ہے یہ اک لمحۂ فکریہ اے ثنا خوانِ تقدیسِ زن

عقل ہے فکر کی بے کلی، عشق ہے دل کی آسودگی
سوز ہے میری فرزانگی، ساز ہے میرا دیوانہ پن

جام ٹکرائے ٹوٹے صبو، میکدے میں مچی ہاؤ ہو
لُٹ گئی محفلِ رنگ و بو جب سے ساقی نے بدلا چلن

دیکھ اے ناصحِ خشمگیں چھیڑ رندوں سے اچھی نہیں
بک نہ دیں جوش میں وہ کہیں رات کا ماجرا مِن و عَن

وقت کی نبض چلتی رہی عمر کی دھوپ ڈھلتی رہی
زندگی ہاتھ ملتی رہی کام آیا نہ کوئی جتن

چال چاہے زمانہ چلے پست ہونے نہ دے حوصلے
سر ہتھیلی پہ جو لے چلے اس کو کیا خوفِ دار و رسن

شمعِ غم کی سسکتی ہے لَو صبحِ عشرت کی پھٹتی ہے پَو
فرشِ گیتی پہ پھیلے گی ضو تیرگی اوڑھ لے گی کفن

ہو رہے ہیں حشمؔ آج کل تیرے اشعار کتنے سجل
خوب سجتی ہے تیری غزل پہنے اشعار کا پیرہن

(۹؍ مئی ۱۹۶۵ء)

اک طرف سیکڑوں غم ایک طرف دل تنہا
یعنی طوفاں سے بہ پیکار ہے ساحل تنہا

ایک تو تھا کہ رہا رونقِ محفل بن کر
ایک میں تھا کہ رہا برسرِ محفل تنہا

پا بہ زنجیر کیا ٹھیک ہی تم نے مجھ کو
میرے ہوتے رہیں کیوں طوق و سلاسل تنہا

تم نے سوچا کبھی اے پیٹ کی ہلکی آنکھو!
کتنے رازوں کا امیں ہوتا ہے اک دل تنہا

داغِ دل زینتِ دل ہے تجھے احساس بھی ہے؟
حُسن چہرے کا بڑھا دیتا ہے اک تل تنہا

گیسوؤں نے جو رُخِ یار پہ مارا شب خوں
حق نے جھنجھلا کے اُلٹ دی صفِ باطل تنہا

جب کسی سے بھی اُٹھایا نہ گیا بارِ الم
ناتواں دل ہوا اس بوجھ کا حامل تنہا

جائزہ جب لیا کیا سیرِ جہاں سے پایا
دردِ دل تھا مرے احساس کا حاصل تنہا

واقعی زندہ دلی ہے بھی اُسی کا حصّہ
ہر جگہ ذات سے اپنی جو ہو محفل تنہا

باغباں کچھ تو بتا، کیا ہے؟ کہ فصلِ گل ہو
اور محسوس کریں خود کو عنادل تنہا

سب کے دامن پہ ملا کوئی نہ کوئی دھبّہ
اور بے داغ ملا دامنِ قاتل تنہا

اُس کو شاعر کہیں اے دوست کہ رہزن دل کا
لوٹ لیتا ہے حشؔم شعر کی محفل تنہا

(۲۴؍نومبر ۱۹۶۶ء)

اپنی قیمت نہ بس نقدِ جاں کیجئے
اور بھی کچھ یہ سودا گراں کیجئے

دل نہ مجھ سے کبھی بدگماں کیجئے
بس یہی اک کرم مہرباں کیجئے

قصّۂ زندگی یوں بیاں کیجئے
ذکرِ غم داستاں داستاں کیجئے

خرمنِ دل سے اٹھکیلیاں کیجئے
ان نگاہوں کو برقِ تپاں کیجئے

یا تو حاضر ہے دل امتحاں کیجئے
اور یا ترکِ وہم و گماں کیجئے

سجدۂ عشق منت کشِ در نہیں
دل جہاں دے گواہی وہاں کیجئے

مصلحت کے گھروندے میں بیٹھے ہیں ہم
خونِ حق بے خطر بے گماں کیجئے

بات یوں تو مِری مختصر ہے بہت
آپ چاہے اسے داستاں کیجئے

گھُٹ کے سجدے جبیں ہی میں دم توڑ دیں
نارسا تو نہ یوں آستاں کیجئے

جلوۂ طور سے میرے دل کی تو بھی
آزمائشِ تاب و تواں کیجئے

آپ کے سب ستم سے کہیں بڑھ کے ہے
یہ ستم کہ نہ آہ و فغاں کیجئے

بات دل کی تو آنکھوں سے چھپتی نہیں
کس بھروسے انہیں رازداں کیجئے

عمر کھوئی ہوئی ہاتھ آتی نہیں
ایک چاہے زمیں آسماں کیجئے

یہ تو میری طبیعت کا خاصا نہیں
جا یئے آپ ہی ہاں میں ہاں کیجئے

خیرگی ہے بہت روپ کی دھوپ میں
سایۂ زلفِ عنبر فشاں کیجئے

درد اپنوں کا اس میں ملے گا مگر
فیصلہ چاہے جو مہرباں کیجئے

ڈالئے بوجھ احسان کا ڈالئے
حق و انصاف کو بے زباں کیجئے

عقل و اِدراک ہے سر بجیب ان دنوں
ناز برداریٔ ابلہاں کیجئے

یہ تو الفت کا سودا ہے اس میں حشمؔ
کیوں عبث فکرِ سود و زیاں کیجئے

(۳؍دسمبر ۱۹۶۲ء)

قدر و قضا کی زد سے نکلو کرو کوئی تدبیر
مایوسی کی کوکھ سے پیدا ہوتی ہے تقدیر

پے در پے ضرباتِ الم سے کیوں ہو کوئی دل گیر
آہن چوٹیں کھا کر ہی تو بنتا ہے شمشیر

کفر و ضلالت کی تاریکی ہے تو بڑی گمبھیر
خوف نہ کھا، اے مشعلِ ایماں، سینۂ ظلمت چیر

دیکھی نہیں معصوم لہو کی تو نے ابھی تاثیر
جیتے جی مُردہ کر دے گا تجھ کو تیرا ضمیر

دار کے روکے رُک نہ سکا تو کیا روکے زنجیر
دیوانے کا دل ہوتا ہے ایک ہی باون بیر

اور کہاں تک ہوتی آخر قرآں کی تفسیر
جنّت کی حوروں تک ہے واعظ کی حدِ تقریر

موسمِ گل اور دیوانوں کے پیروں میں زنجیر
شہرِ بہاراں میں یارو یہ کیسی دار و گیر

قتل ہوا اک عشق کا مارا سُرخ ہوئی شمشیر
پھر جانے کیا سوچ کے دل میں قاتل تھا دل گیر

کتنا حسرت ناک ہے اے دل تیرا دم تاثیر
آئے بھی وہ میرے قریں تو وہ بھی وقتِ اخیر

لب پر قفل، شکستہ بازو، پیروں میں زنجیر
برسوں کے خوابوں کی نکلی کیا اُلٹی تعبیر

دیکھ حشمؔ، ایسا تو نہیں، آنکھوں میں بھرا ہو نیر
دھندلی دھندلی کیوں لگتی ہے انساں کی تصویر

(۱۸/اکتوبر ۱۹۶۸ء)

عرضِ تمنّا پر میری اُن ہونٹوں پر مُسکان تو ہے
چاہے لاکھ نہ برسے بادل ، بارش کا امکان تو ہے

جرم اگر ثابت نہ ہوا تو کیا پروا ، بہتان تو ہے
پاگل کہہ کر پا بہ سلاسل کر دینا ، آسان تو ہے

سیرت میں ہو چاہے درندہ ، صورت سے انسان تو ہے
باطن چاہے پست ہو جتنا ، ظاہر عالی شان تو ہے

مکر و ریا کی اس بستی میں تیری کون سُنے اے دل
چاہے وہ انصاف نہ بانٹیں ، ہاتھوں میں میزان تو ہے

اتنی دور سے چل کر آئے ، آپ بھی کتنے بھولے ہیں
مہر و وفا کی اِس بستی میں رہیئے گا؟ ویران تو ہے

آپ تو کہتے تھے اپنے ہیں ، مُڑ کے انہوں نے دیکھا بھی ؟
شرمندہ ہوں، کیا بولوں، میری ان سے پہچان تو ہے

باطل کی یہ بالا دستی اب بھی ہمیں تسلیم نہیں
لاکھ ہوئی پسپائی اپنی ، جان میں اب تک جان تو ہے

فرق بس اتنا ہے، میں اس کی سرکوبی کر دیتا ہوں
سرکش میری آنکھوں میں بھی اشکوں کا طوفان تو ہے

چھین لے جو ہر بات ہی منھ کی، ایسا بھی کوئی شاعر ہے
ایسا شاعر! ایسا شاعر ، ہاں ، حشم الرمضان تو ہے

(۲۹ر مئی ۱۹۷۰ء)

زندگی جلوہ طلب دیکھئے کب تک رہے
غلبۂ افسونِ شب دیکھئے کب تک رہے

کُشتۂ غم جاں بہ لب دیکھئے کب تک رہے
زندگی درماں طلب دیکھئے کب تک رہے

رزمگہۂ زیست میں یاس زدوں کے لئے
رقص میں بنتِ عنب دیکھئے کب تک رہے

زر گر و مختار کا مفلس و مجبور پر
ظلم روا بے سبب دیکھئے کب تک رہے

وقت کے چہرے پہ ہیں موت کی پرچھائیاں
دَور یہ خونیں لقب دیکھئے کب تک رہے

دلبرِ اُردو تری مانگ تو لُٹ ہی چکی
سُرخیٔ رخسار و لب دیکھئے کب تک رہے

بے بسیٔ زندگی سینہ سپر ہو اُٹھی
وقت کا غیظ و غضب دیکھئے کب تک رہے

موت سے لڑتے تھے ہم، اور بے سوچے ہوئے
سوچ کر جینے کا ڈھب دیکھئے کب تک رہے

حُسن کی انگڑائیاں آ بنیں ہیں جان پر
عشق کا پاسِ ادب دیکھئے کب تک رہے

گردنِ انسانیت پنجۂ شیطان میں
سوچتے ہیں لوگ سب، دیکھئے کب تک رہے

وہ جو کہیں سب صحیح، ہم جو کہیں سب غلط
ڈھب یہ غریب و عجب دیکھئے کب تک رہے

عشق کی خیرہ سری ختم ہوئی دم کے ساتھ
حُسن کی یہ تاب و تب دیکھئے کب تک رہے

حوصلہ افزا تو ہے وقت کی کروٹ حشمؔ
ہاں، اثرِ خواب اب دیکھئے کب تک رہے

(۱۶/ اگست ۱۹۷۰ء)

کیوں نہ عشّاق غمِ ہجر کا چارا کرتے
اک مدت ہوئی وعدوں پہ گذارا کرتے

ہم اگر دل کے عزائم کو صف آرا کرتے
سامنا کیا یہ ستم کیش ہمارا کرتے

ناتواں جان کے وہ وار دوبارا کرتے
اپنے آنسو کو اگر ہم نہ شرارا کرتے

اک نہ اک روز نبرد آزما ہونا تھا اِنہیں
جبر، کب تک تجھے مجبور گوارا کرتے

اپنی اس جیت پہ اے گردشِ افلاک نہ بھول
حوصلہ، ہار کے بھی، ہم نہیں ہارا کرتے

وہ جو فرزانے تھے ان کو تو ادب تھا لازم
ہم تو دیوانے تھے کیا پاس تمہارا کرتے

دل تو نادان ہے، کیا اِس کی خطاؤں کی گرفت
ہم تھے مجرم، جو تری سمت اشارا کرتے

عشق آوارہ نہ پھرتا کبھی صحرا صحرا
نت نیا روپ اگر آپ نہ دھارا کرتے

صاف گوئی کے حشمؔ آپ گنہگار جو تھے
کیوں بھلا اپنے پرائے نہ کنارا کرتے

(۳۰؍اگست ۱۹۷۰ء)

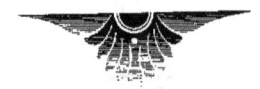

دوستوں سے بھلا دشمنی کیا کرے
ٹھیک ہے، مصلحت آپ کی کیا کرے

خود ہی بیگانہ ہیں اپنی ہستی سے ہم
روح غافل ہو تو زندگی کیا کرے

فکر و احساس ہی جب نہ ہوں زخمہ زن
بربطِ شعر کی نغمگی کیا کرے

اپنا اپنا سفر اپنی اپنی ڈگر
رہروی عمر بھر پیروی کیا کرے

سر جھکے جب تو رو ندے گئے پاؤں سے
سر اُبھارے نہ تو سرکشی کیا کرے

زر میں انسان کو تولنے کے سوا
اور دولت کی آوارگی کیا کرے

اب تو پل بھر میں چہرے بدلنے لگے
آدمی پر یقیں آدمی کیا کرے

لے کے اپنا سا منھ رہ گئی برتری
کوئی بندہ نہیں خواجگی کیا کرے

یوں ہی کہتے رہو اپنے دل کی حشمؔ
لوگ سوچا کریں شاعری کیا کرے

(۲۵؍اکتوبر ۱۹۷۰ء)

آئی بھی ابھی کیا تھی ان کو پشیمانی سی
پیدا تھی مرے دل میں اک ٹیس نہانی سی

تشبیہہ یہ ویسے تو لگتی ہے پرانی سی
ہے چال مگر تیری موجوں کی روانی سی

اللہ رے ترے عارض، اللہ رے ترے گیسو
اک صبح درخشاں سی، اک شام سہانی سی

میں نے تری باتوں کو ہر حال میں مانا ہے
گزری ہے مرے دل پر ہر چند گرانی سی

کل ان کی حقیقت خود سمجھے گی خرد اے دل
گو آج تری باتیں لگتی ہیں کہانی سی

ہے تیغِ زباں کا بھی کیا زخم معاذ اللہ
تڑپے دلِ خوں کردہ پڑ جائے نشانی سی

اے لالۂ خوں گشتہ ، دل چاک و جگر تفتہ
کیا تیری کہانی بھی ہے میری کہانی سی

ہے بیش بہا کتنی اُس سے یہ کوئی پوچھے
بے کار گنوادی ہو شئے جس نے جوانی سی

ہے حلقۂ رنداں میں یہ ہو نہ ہو زاہد ہی
یہ شکل ہے پہچانی صورت ہے یہ جانی سی

ہے خوب حشمؔ تیرا انداز تکلم کا
ہر بات میں ہوتی ہے رنگین بیانی سی

(۱۰ر نومبر ۱۹۷۰ء)

جانے وہ اک بات ہے کیا ہم تنہائی کے ماروں میں
تنہا تنہا سے رہتے ہیں شہروں اور بازاروں میں

کیسے کیسے دیپ سسک کر ڈوبے ہیں اندھیاروں میں
شہراہوں پر پھرنے والو جھانکو تو گلیاروں میں

ظاہر و باطن کی ہم رنگی دیر و حرم کے ماروں میں!
سادہ لوحی آن پھنسی ہے تو بھی کن مکّاروں میں

پھولوں کا دلدادہ آئے کیا لینے انگاروں میں
کوئی بھلا کیوں آکر بیٹھے ہم سے دل افگاروں میں

مقتل و مذبح خیر منائیں، دار و رسن فریاد کریں
خاک آلود جبینوں والے ہیں اب کے سرداروں میں

یہ لعنت تو دیر و حرم کی پروردہ ہے ہم بزمو!
مئے خانہ معبد تو نہیں، کیوں پھوٹ پڑی میخواروں میں

ارضِ حسیں کا ذرّہ ذرّہ حیراں حیراں تکتا ہے
کیا جانے کیا ڈھونڈ رہا ہے انساں چاند ستاروں میں

کوئی بھی اب فن پاروں کی بات کرے تو خاک کرے
نام نہاد ادیب و شاعر آ بیٹھے فن کاروں میں

ان کو چاہے جو کہہ لو، وعدوں کو ان کے کچھ نہ کہو
وعدے تو پلتے ہی ہیں انکار صفت اقراروں میں

ساغرِ جم سے بہتر جس نے جامِ سفالیں کو جانا
ساقی نے ممتاز کیا اس مئے کش کو مئے خواروں میں

(۵/دسمبر ۱۹۷۰ء)

سَر بیچتے ہوئے کبھی ہم دار پر ملے
سَر ٹیکتے ہوئے کبھی ہم در بدر ملے

شاعر، ادیب، صاحبِ نقد و نظر ملے
دیکھا قریب سے تو سبھی پیشہ ور ملے

دل نے محاسبہ جو ہمارا کیا کبھی
ہم خود پرست و خود غرض و خود نگر ملے

پندارِ حسن ہے مجھے دل سے عزیز تر
یارب مری دعا کو نہ بابِ اثر ملے

اُڑتے تھے آسمان میں جب بال و پَر نہ تھے
اب آگرے زمین پہ جب بال و پَر ملے

ہاں، زندگی کو پائے حقارت سے مار دو
نقدِ ضمیر دے کے یہ سودا اگر ملے

یاں سَر سے کھیلنے کے سبھی لوگ مدعی
واں دار منتظر کہ کوئی اہلِ سَر ملے

بستے تھے جن میں واقعی انسان اے حشمؔ
مشکل سے شہر میں مجھے دو چار گھر ملے

(۱۸؍جون ۱۹۷۱ء)

ابتدا کوئی نہیں ہے انتہا کوئی نہیں
حادثوں میں زندگی سا حادثہ کوئی نہیں

جانتے ہیں سب جسے پہچانتا کوئی نہیں
آج کا انسان ہے وہ ، دوسرا کوئی نہیں

اتحاد ، انصاف ، بھائی چارہ ، امن و آشتی
منزلیں تو سیکڑوں ہیں راستہ کوئی نہیں

اس سے تو بے چہرگی بھی منھ چھپا سکتی نہیں
آئینوں میں دل سے بہتر آئینہ کوئی نہیں

سیکڑوں احسان لے لے کر بھلا دیتے ہیں لوگ
ایک احساں کر دیا تو بھولتا کوئی نہیں

ایک دن وہ تھا کہ سائے سے بھی تھے سب آشنا
ایک دن یہ ہے کہ صورت آشنا کوئی نہیں

اے وفا، اچھی وفا، میری وفا، تو سَر نہ پھوڑ
سنگِ درِ بے حس ہے ان کا، فائدہ کوئی نہیں

ظاہر و باطن کا یکساں، ایک قول و فعل کا
میں نے پوچھا کون ہے؟ دل نے کہا، کوئی نہیں

مصلحت اندیشیوں نے کر دیا بے دست و پا
ورنہ سچ مانو حشمؔ بے دست و پا کوئی نہیں

(۱۵/اپریل ۱۹۷۲ء)

آئے تھے دوستوں میں مگر دوستی کہاں
ضدی یقین دیکھ ہوئے اجنبی کہاں

ڈرتا ہے اپنے سائے سے بھی اب تو آدمی
ہم سائیگی، خلوص کبھی تھی ابھی کہاں

سورج کے شہر میں ہے نہ تاروں کے گاؤں میں
کیا جانے کھو گئی ہے مری زندگی کہاں

شاباشیوں کے شہر میں چل کر تو آ گئی
جاتی ہے اور دیکھئے بے چارگی کہاں

لمحے قدم قدم پہ اِسے چھوڑتے گئے
افسوس ہوشیار ہوئی زندگی کہاں

ہم خود ہی اپنی جان کے دشمن بنے رہے
اِس میں خطا حضور بھلا آپ کی کہاں

مشاطۂ جمال کے دعوے بجا مگر
آرائشِ جمال کہاں سادگی کہاں

زیرِ زمیں کوئی ، کوئی بالائے آسماں
اک آدمی کہاں ہے تو اک آدمی کہاں

پھرتی ہیں شہر شہر سزائیں یتیم سی
کیا جانے جا مری ہے حشمؔ منصفی کہاں

(۲۴؍جون ۱۹۷۳ء؁)

ہونے کو ہوتے تھے فرشتے یوں تو بشر سے آگے بھی
لیکن کیا آگاہ کوئی تھا دردِ جگر سے آگے بھی؟

معرکۂ ایمان و یقیں سر کرنے والا دل ہی تو ہے
عقل کبھی لے جاسکتی ہے حدِّ "اگر" سے آگے بھی؟

جرأتِ دل سے دیکھ تو ایسی ناسمجھی کی بات نہ کر
دار کبھی نادان گیا ہے گردن و سَر سے آگے بھی؟

مصلحتوں نے پیروں میں زنجیر پہنا دی تھی ورنہ
"خونِ جگر تو جا سکتا تھا دیدۂ تَر سے آگے بھی"

آبادی ہی آبادی تک آبادی محدود نہیں
اک دنیا آباد ملے گی دل کے کھنڈر سے آگے بھی

گنتی کے اوزار سے ہر دم ایک سے پیکر ترشے ہیں
آؤ لوگو بڑھ کر دیکھیں زید و بکر سے آگے بھی

شام و سحر کی حد میں رہ کر یوں تو سبھی جی لیتے ہیں
جینا تو جب ہے کہ جئیں ہم شام و سحر سے آگے بھی

آپ حشمؔ بے کار خفا ہیں، ناقدری کا شکوہ کیا
یہ برتاؤ ہوا کرتا تھا اہلِ ہُنر سے آگے بھی

(۱۵/اگست ۱۹۷۷ء)

جذبۂ محبت کو یوں تری ادا چھیڑے
جیسے پارسائی کو اوّلیں خطا چھیڑے

ہوں نہ کیسے آپس میں چہ میگوئیاں ہر سو
تذکرہ بھلائی کا جب کوئی "بُرا" چھیڑے

زادِ راہ جانے دو، جذبۂ سفر تو ہو
خستہ حال راہی کو خاک راستا چھیڑے

زیست کی اداکاری وقت کے مقابل کیا
تیز رَو ہواؤں کو جیسے بلبلا چھیڑے

کِھل اُٹھے ترا چہرہ گیسوؤں کے جل تھل میں
رات کی سیاہی کو جب کوئی دیا چھیڑے

وقت کے خداؤں کی مجرمانہ غفلت پر
بندگی کو لازم ہے معرکہ نیا چھیڑے

جسمِ آدمیّت پر بے شمار پھوڑے ہیں
کون کون سا پھوڑا نشترِ شفا چھیڑے

توڑ دی حوادث نے بانسری کنہیا کی
نغمۂ محبت کیا کوئی سُر پھِرا چھیڑے

پھول پھول گلشن کے جھوم جھوم اُٹھے تھے
کہہ دو کوئی بلبل سے پھر وہی نوا چھیڑے

(۱۶؍ ستمبر ۱۹۷۸ء)

اہلِ محفل بس اسی اک بات پر برہم لگے
جانِ محفل تم تو تھے ہی، شانِ محفل ہم لگے

ٹوٹ جائے ایک تو پھر دوسرا لایا نہ جائے
آج کا جامِ سفالیں کل کا جامِ جم لگے

آج کے انساں کے قول و فعل کا یہ ڈھنگ ہے
سچ زیادہ سے زیادہ جھوٹ کم سے کم لگے

ڈوبنے والے کو تنکے کا سہارا کم نہیں
روشنی پھر روشنی ہے لاکھ وہ مدھم لگے

اور ہوں گے جن کو جہد زندگی کی دھوپ میں
عافیت کی چھاؤں تیرے گیسوئے برہم لگے

دم بخود اپنائیت ہے خونچکاں ہے دوستی
اجنبی اس شہر میں کچھ تم لگے کچھ ہم لگے

جانے کس جنّت میں آپہونچی ہماری زندگی
جس کو بھی دیکھو نئی حوّا نیا آدم لگے

زخمِ غربت کا مداوا کب کسی سے ہو سکا
یوں تو لگنے کو حشمؔ سب عیسیٔ مریم لگے

(یکم رمئی ۱۹۸۰ء)

برق و شرار و شمس و قمر مانگتے نہیں
جویائے حُسن حدِ نظر مانگتے نہیں

ہم دیکھتے ہیں سینۂ ظلمات چیر کر
"کرنوں کی بھیک اہلِ نظر مانگتے نہیں"

ہم سر پھروں سے اس کی توقع نہ کیجئے
جینے کی بھیک اہلِ جگر مانگتے نہیں

رکھتے ہیں بندگی میں بھی ہم شانِ بندگی
کر یا نگاہِ لطف نہ کر مانگتے نہیں

جھکنا ہمیں قبول نہیں توڑ ڈالئے
جُھک جُھک کے ہم بلندیٔ سَر مانگتے نہیں

کیوں آج سر بجیب ہے آزادیٔ وطن
ہم سرفروش قیمتِ سر مانگتے نہیں

جلوؤں کی جستجو میں ہیں سیماب پا حشمؔ
جویائے حق سکونِ نظر مانگتے نہیں

(۲؍اکتوبر ۱۹۸۱ء)

کہیں جنازہ اُٹھا اور کہیں برات لگی
یہ زندگی مجھے سیرِ عجائبات لگی

یہ بات کل کی اگر ہو تو عین ممکن ہے
مجھے تو آج کی ہر شئے اسیرِ ذات لگی

ہنسی ہنسی میں ہی جو کچھ کہا، کہا اس نے
"مگر مجھے بڑی گہری کلی کی بات لگی"

نہ جانے کون سی وہ بات لگ گئی دل کو
نہ آنکھ ایک بھی پل کو تمام رات لگی

ہر ایک جسم پہ تھا غزنوی لباس مگر
ہر ایک روح گرفتارِ سومنات لگی

ہوئے ہیں سانپ برآمد وہ آستینوں سے
کہ دوستوں کی دلی دوستی بھی گھات لگی

سکھوں میں چار دنوں کی ہی تو لگی تھی مجھے
بہت طویل دُکھوں میں مری حیات لگی

قدم قدم پہ تھا محرومیوں کا ساتھ حشؔم
بس ایک موت تھی جو زندگی کے ہات لگی

(۲/اکتوبر ۱۹۸۳ء)

جس بات کا نہ ہو کوئی حاصل نہ پوچھیے
مقتول کون ، کون ہے قاتل نہ پوچھیے

جو بات پوچھنے سے وہ ہو جائیں لاجواب
وہ بات ان سے برسرِ محفل نہ پوچھیے

دل خوب جانتا ہے دل آزار کون ہے
دانستہ خیر و عافیتِ دل نہ پوچھیے

دیوانگی میں جب کبھی دیوانے آئے ہیں
ٹوٹے ہیں کتنے طوق و سلاسل نہ پوچھیے

ہر اک قدم سے طے نہیں ہوتا یہ فاصلہ
قول اور فعل میں حدِ فاصل نہ پوچھیے

ہر ضربِ سخت تیشۂ حق کی اُچٹ گئی
سنگیں ہے کتنی ظلمتِ باطل نہ پوچھیے

کیسی جبینِ عدل ہوئی ہے عرَق عرَق
ہے صاف کس قدر کفِ قاتل نہ پوچھئے

انسانیت کی موت ہے معراجِ زندگی[1]
مذہب جنونیوں کے دلائل نہ پوچھئے

نہلے پہ ہر حریف کو دہلے کی ہے تلاش
بازیچۂ جہاں کے مشاغل نہ پوچھئے

اس نے ہی تو کیا تھا بنِ ادہم کو سرفراز
انسان دوستی کے فضائل نہ پوچھئے

صادر ہوا ہے حکم تو پی جایئے حشمؔ
تریاق ہے کہ زہر ہلاہل نہ پوچھئے

(۳۱/اکتوبر ۱۹۸۷ء)

[1]: ستی کے رواج کے پس منظر میں یہ شعر لکھا گیا (حشمؔ)

ہر قدم آدمی ، ہر نظر آدمی
آدمی آدمی ، سر بسر آدمی

خود ہی باعث ہے تخریب و تعمیر کا
راہزن آدمی ، راہبر آدمی

فائدہ کیوں اُٹھائے کوئی دوسرا
خود غرض آدمی ، خود نگر آدمی

اس سے بڑھ کر المیہ ہے کیا آج کا
آدمیت سے ہے بے خبر آدمی

چڑھ کے سراب تو رشوت لگی بولنے
کب پرکھتا ہے عیب و ہنر آدمی

پیر کچلے کسے، سر چڑھائے کسے
ننگِ پا آدمی، ننگِ سر آدمی

چند ذرّوں پہ اس کو قناعت کہاں
صید کرتا ہے شمس و قمر آدمی

کون کس کا، کسے کوئی دیکھے سنے
کوروکَر بن گیا اب تو ہر آدمی

(۲۲/دسمبر ۱۹۹۷ء)

احساں کیا تو خوب ، جتایا تو بھول کی
اس طرح گویا آپ نے قیمت وصول کی

کی پیروی ہمیشہ حسینی اصول کی
طاعت کبھی نہ ہم نے یزیدی قبول کی

آئین کی ، اصول کی جب بات آ پڑی
کانٹے سمیٹے ہم نے ، دی قربانی پھول کی

باتوں میں چکنی چپڑی تمہاری میں آ گیا
بچھو تھے ، تم کو میں نے سمجھنے میں بھول کی

ہم لوگ ہیں اسیرِ زمان و مکان میں
حاجت تجھے نہ قرن کی نے عرض و طول کی

جاتا ہوا شباب کبھی لوٹتا نہیں
یوں بن سنور کے آپ نے کوشش فضول کی

اے کشت کار ، ہوش کے ناخن لے بیوقوف
لائے گی رنگ جلد ہی کھیتی ببول کی

(۲۲؍دسمبر ۱۹۹۷ء)

(ڈاکٹر مظفر حنفی سے معذرت کے ساتھ)

خوب یہ جدّت ہے جدّت میں کہ "ہو گا" ہووے گا
بوتلیں ہوں گی نئی بادہ پرانا ہووے گا

عکس جب بھی سطحِ آئینہ پہ اُبھرا ہووے گا
کب کوئی دامِ حقیقت اس کو جکڑا ہووے گا

ہو رہی ہیں اب ادب میں بھی علاقہ بندیاں
آگے آگے دیکھئے اب اور کیا کیا ہووے گا

آپ تو مختار ہیں کیسے کوئی پکڑے زبان
دَھر پکڑ تو اس کی ہو گی جو بچارا ہووے گا

ریگ زارِ آرزو میں کب اُگی نخلِ امید
نقش کوئی ثبت سطحِ آب پر کیا ہووے گا

فاضلِ دلّی سے کلکتے کا عالم لام لے!
یہ تو اپنے آپ میں طُرفہ تماشا ہووے گا

کہہ کے بس دو تین غزلیں اک ہو اروحِ غزل
سیکڑوں غزلوں کا خالق اب بھلا کیا ہووے گا

(۶/جون ۲۰۰۱ء)

ہندی آمیز غزل

کیسے ہو تھوڑا بھی بھروسہ دیں گے وہ دیدار تنِک
باتوں میں ہو جب اُن کی انکار ادھِک اقرار تنک

پریت کی ریت نبھانے میں یہ جان بھی ارپن کر دے گا
درشن سے پریتم کے اپنے سنبھلے تو بیمار تنک

رشکِ بیاباں ہو جائے گی مجھ کو ہے وشواش اِس کا
ہریالی سے اور کھِلے جو آنگن کی دیوار تنک

تیرے بگڑے مئے خانے کی اینٹ سے اینٹ بجا دیں گے
ساقی، ہوش و گوش کی سیما لانگھیں تو مئے خوار تنک

مانجھی، رُک، میں بھی تو دیکھوں موجوں کے کیا کس بل ہیں
ہاتھوں میں دینا تو میرے کشتی کی پتوار تنک

دُکھ والوں کا بھیس بدل کر سُکھ والے حق ماریں گے
دکھیاروں کی ہمدردی میں چھوٹ جو دے سرکار تنک

قائل تیری اہلّیت کے ہم ہیں حشم، تکنے دے اُسے
کھُل جائے گی خود اصلّیت، کرے تو وہ گفتار تنک

دیر ہوتی ہے تو ہوتی ہو مگر ہوتا ہے
دل سے نکلی ہوئی باتوں کا اثر ہوتا ہے

سَر جو گردن پہ ہی جھک جائے اسے سَر نہ کہو
سَر جو گردن سے اُتر جائے وہ سَر ہوتا ہے

بے خطا لاکھ سہی ، ہاتھ سے تدبیر نہ دو
فیصلہ قتل کا بھی زیر و زبر ہوتا ہے

لاکھ محبوس کرو ، لاکھ بٹھاؤ پہرے
یہ نہ بھولو کہ فصیلوں میں بھی در ہوتا ہے

قتل انساں کا کبھی سانحہ کہلاتا تھا
اب تو یہ کھیل یہاں شام و سحر ہوتا ہے

تیلیوں سے تو قفس کی نہ اُلجھ اے صیاد
اُڑ ہی جاتا ہے وہ جو صاحبِ پَر ہوتا ہے

درد اپنوں کا ہر انصاف کے سینے میں حشمؔ
لاکھ انکار کریں آپ مگر ہوتا ہے

رس جو کانوں میں گھولتا ہو گا
کتنا شیریں وہ بولتا ہوگا

خون آنکھوں سے رولتا ہوگا
آنکھ مفلس جو کھولتا ہوگا

وہ کہاں ، دوستی کی بات کہاں
دوستو ، دل ٹٹولتا ہوگا

جس کی سب ہاں میں ہاں ملاتے ہوں
وہ ضمیروں کو مولتا ہوگا

اپنی ناکارگی کا شاہد ہے
وہ جو ہر وقت بولتا ہوگا

عکس کس کا سزا ملے کس کو
"آئینہ جھوٹ بولتا ہوگا"

گُن حشمؔ کے ضرور گائے گا
وہ جو باتوں کو تولتا ہوگا

حشم الرمضان

کا دوسرا شعری مجموعہ

میری نظمیں میرے گیت

(بین الاقوامی ایڈیشن)

جلد منظر عام پر

حشم الرمضان
کی نثری تصنیف

قلم بولتا ہے
(بین الاقوامی ایڈیشن)

جلد منظر عام پر